Enrico Monaci

Passaggio all'eremo

Enrico Monaci

Passaggio all'eremo

Poesie sul rosario

Edizioni Sant'Antonio

Imprint
Any brand names and product names mentioned in this book are subject to trademark, brand or patent protection and are trademarks or registered trademarks of their respective holders. The use of brand names, product names, common names, trade names, product descriptions etc. even without a particular marking in this work is in no way to be construed to mean that such names may be regarded as unrestricted in respect of trademark and brand protection legislation and could thus be used by anyone.

Cover image: www.ingimage.com

Publisher:
Edizioni Accademiche Italiane
is a trademark of
International Book Market Service Ltd., member of OmniScriptum Publishing Group
17 Meldrum Street, Beau Bassin 71504, Mauritius

Printed at: see last page
ISBN: 978-613-8-39170-8

Enrico Monaci

PASSAGGIO ALL'EREMO

Poesie sul rosario

Nota introduttiva di Mauro Ferrari

Nota introduttiva

Da sempre la poesia cosiddetta religiosa, in tutte le diversificazioni e sfumature, rappresenta per i poeti un tremendo banco di prova, uno di quelli, cioè, in cui la piena riuscita è vicinissima al fallimento totale. Il perché è presto detto: il poeta che si cimenta con questi rischiosi moduli stilistici e tematici deve trovare nei propri versi un precario equilibrio fra l'espressione personale e un contenuto universale. In altri termini: la poesia religiosa coinvolge le più profonde e quindi mobili sfere della personalità e dell'affettività, ma al contempo deve confrontarsi con un contenuto fattuale che la fede dà per certo e su cui non ammette dubbi. L'ondeggiare del sentimento e il brancolare della ragione, che rappresentano i poli fra cui si muove il discorso di ogni poeta, e quindi le domande incessanti e drammatiche con cui egli si confronta, faticherebbero non poco a coniugarsi con la banale esternazione di una devozione religiosa a tratto fermo.

La storia della poesia e della letteratura ci insegna invece che, fortunatamente per le loro stesse sorti, non è esattamente così: la poesia religiosa che non osa confrontarsi con il carico di mistero e di dubbio, di sofferenza e, in una parola, di tragedia che la fede comporta (e riveste, implica, tenta di superare) è destinata al fallimento neppure troppo glorioso che solitamente tocca alla comunicazione di stati d'animo e agli abbandoni sentimentali in versi: ovvietà del tutto non interessanti per quel popolo a venire cui ci si dovrebbe invece rivolgere. È vero poeta colui che sa trovare la vena drammatica nel tessuto solo in apparenza compatto del dogma, che sa investigare la condizione umana nella sua universalità ma anche e soprattutto nella sua concreta storicità alla luce di quel dettato immutabile, di quel contenuto di verità atemporale che, tuttavia, stride sempre a contatto con il tempo umano. Da Sant'Agostino a Montagne, da Dante a Tasso, da Manzoni a Turoldo, da Luzi a Fabiani, la poesia religiosa autentica è stata più combattimento con l'angelo che contemplazione, più interrogazione che affermazione.

Di cosa vive, allora, la poesia di Enrico Monaci? Dove è fissato, e come, il suo personalissimo punto di equilibrio? Già il sottotitolo - Poesie sul rosari-oci dice che il poeta arriva a una riflessione sull'umano universale a partire dalla recitazione del rosario, cioè il momento in cui la dimensione intima e personale si salda a quello corale della communitas cristiana, e la devozione privata si allaccia al dogma. Il poeta raggiunge quindi una splendida riuscita poetica per una via ancora diversa e inattesa: poeta della serena certezza e non del dubbio, Monaci salta a pié pari l'esternazione personale e l'indugio nella dimensione solipsistica; il poeta prende infatti di peso la storia dei Vangeli, con una franchezza ingenua e solida che in Italia troviamo solo nel "medievale" Fabiani, ripercorrendo la vicenda di Cristo con una dizione mai liricamente abbandonata, eppure nemmeno sorvegliata. No, la voce di Monaci, anche quando il verso si frange in modo imprevedibilmente irregolare, in una prosa insomma da alta oratoria, è un calmo e potente recitativo in versi, talvolta ad andamento ipotattico, che ricorda a tratti il T.S. Eliot dei Four Quartets(«Tutta la terra è il nostro ospedale») più che il lirismo di Ash Wednesday(«Signora dei silenzi»).

In virtù di questa peculiarità, Monaci non teme né il riferimento diretto alle Scritture, che in un poeta meno dotato sarebbe una piatta descrizione di avvenimenti, né l'intensa riflessione sul mistero, che a malapena sopporterebbe slanci lirici da falsetto. Né Monaci teme l'uso dell'"Io", o meglio l'assunzione diretta e responsabile di un contenuto senza frapporre maschere o filtri stilistici e tonali, come ad esempio il distanziamento ironico. In quel ca polavoro assoluto che è Agonia (p. 27), il poeta si rivolge a Gesù in un colloquio fraterno e umile, parlando come uomo che non sa affrontare il mistero della Passione eppure ha conosciuto il male:

Non so parlare della tua morte, o Gesù,

so solo che la morte viene per una violenza cieca

che scorre come un torrente in piena dai palazzi

del lusso sfrenato, dalla resa interiore al male

che ingoia ogni briciolo di umanità

Monaci, con una nudità poetica allarmante per la sincerità che attesta, ci parla della storia di Cristo e del suo valore per noi, con un balzo che appare naturale ma che, a ben vedere, è assolutamente eccezionale fra le due dimensioni che porta a collegare, saltando il tempo umano della Storia per metterci davanti, con la serenità di un Giotto o, meglio ancora, di un acquerellista, i momenti centrali della vicenda umana di Cristo e il loro significato più alto e universale. È questo coraggio nel compiere un balzo tanto audace che ci dimostra come Enrico Monaci sia un poeta vero, e nello specifico una delle migliori voci della poesia religiosa nazionale.

Mauro Ferrari

A Suor Giulia e Suor Mariarosaria

che mi hanno accompagnato in questo tratto della mia vita.

1) MISTERI DELLA GIOIA

ANNUNCIAZIONE (1)

Fiat, madre, il tuo regno, intessuto
nella mente di Dio, prima il dolore, poi lo spazio interiore
rilucente nella kenosis del suo abbassamento.
Là, nella casa di Nazareth, tu, vergine
prescelta fra le madri di Israele fosti

adombrata dall'Altissimo, per la tua preghiera.
L'angelo ti diceva cose sublimi e tu,
con timore, conservavi in cuore le sue parole.
Questo Figlio sarà grande, ma un avversario
lo avrà trafitto lungo la vittoria infinita.

Come è simile a te, donna eletta nel suo patire,
ma adesso non solo tu sei nel seno di Dio,
ma Lui stesso è nel tuo grembo,
quasi a spezzare la perversa inclinazione:

da ora sei nel punto focale della storia.

ANNUNCIAZIONE (2)

Trasgredendo la sfera del corpo, l'abisso conduce
ed il retaggio del male partorisce la luce,
l'angelo è attratto nella cella feconda
e senza ludibrio la gioia asseconda,

non ci sono carezze su quel seno regale,
ma solo preghiera come incenso che
sale. E Dio recepisce la supplica forte
e dona la vita che schiaccia la morte, che

solo all'esterno è vincitrice, ma
nulla può, ma ancor meno cancellare la metamorfosi
di una eternità che si fa tempo senza
dissolversi nel suo ciclo; di nuovo
speriamo sfogliando la vita
che l'amore persista
sulla traccia di una gioia infinita.

LA VISITA

Dura e impervia è la strada della conoscenza, ma
la priorità è nella vita che si fa carità ed amore operoso;
la magia di un abbraccio rivela solitamente una comune
missione, molto più che una affermazione d'esserci.
La gioia sta dopo il travaglio, sepolta e poi sublimata
dall'arcana fatica; quali emozioni e pensieri lungo la
strada di Ain Karim: gioisci con me Universo; dal momento
che ho in grembo il Salvatore del mondo, chi può ripagarmi
di una vita simile, anche se l'Amore fosse una sconfitta?
Dimmi, vibrazione infinita del cuore, se il mio seno
contiene qualcosa di più del cielo e le stelle e
se un nuovo arcobaleno ed un ponte definitivo
è stato gettato verso l'umanità. Cosa sono
i celesti pensieri di questa notte scaturiti da un cuore
pieno di amore, se non la prova che il mio destino
è divenuto centro di irradiazione di un progetto di
salvezza che abbraccia l'universo, così come ora
abbraccio Te sorella Elisabetta e canta il mio cuore

la riconoscenza al mio Signore degnatosi di riconoscere,

in questi due bambini, Profeta e Messia per l'umana famiglia

L'Antico si intreccia al nuovo e la sinfonia dei nostri cuori

vuole offrire pertugio all'eterna odissea dell'uomo, perché

il Nome persisterà, e in lui troveranno asilo

tutti gli sventurati d ella terra.

LA NASCITA (1)

Cantano gli angeli e dall'umile villaggio di

Galilea il prodigioso Bambino inizia il suo

ritorno al Padre. Anche dall'Oriente

vengono ad adorarlo, tutti quanti credono che la vita e la storia sulla terra non siano

solo dominio della natura, ma sperano

in qualcosa di trascend ente e intangibile,

capace di conferire un senso eterno alla

vita d ell'uomo, qualcosa di più

della meccanica sociale.

I primi a riconoscerlo sono i poveri ed i semplici,

per inclinazione naturale, poi via via quasi ognuno

si stupisce della sua primigenia Luce.

Quale miracolo! Un re senza esercito,

uno stato senza sudditi, una liberazione che cambia non il mondo,

ma il punto di vista delle cose, capace di far parlare le

foglie, gli alberi e le modulazioni del vento

con il respiro di Dio.

LA NASCITA (2)

Armonia nella notte della capanna di Betlemme,
giubilate pastori e voi retti di cuore, la stella annuncia
un Bambino che il grande libro della vita ha ascritto
per un futuro prodigioso, figlio di reietti ha scelto i perduti.

Raccomanderà di non inorgoglirsi ai giusti. Memore di
essere stato debole e povero proclamerà che il Padre
lo ha chiamato a dispensare ai piccoli ed ai poveri di cuore
i misteri del Regno: fecondità dell'essere (da poco),

nelle sue mani sante! La Madre ed il Padre, anche se figli di Re,
pur rischiano di vacillare, ma si lasciano portare dalla loro
scelta di obbedienza al volere di Dio.
La grotta di Betlemme attesta che in principio
non vi era che il nulla e che le grandi cose iniziano

fuori dallo splendore del mondo.

PRESENTAZIONE AL TEMPIO

"Luce per illuminare le genti", ecco il titolo

del Bambino Gesù, in questo suo primo versare

sangue, anticipo e prefigurazione della Passione.

Ancora una volta la gioia messianica non è

quella del mondo che ammalia solo i sensi, ma

esige il tributo di una spada, per dividere e per riunire,

ecco che c'è a ncora

il vecchio mondo della retribuzione; ma anche perché

contraddizione e alterità passino a uno stadio più

profondo di analogia e distinzione,

e la giustizia sia più matura.

Che cosa potresti tu pensare, profetessa e Madre, che non sia

il divino volere, soluzione del dissidio e pace della coscienza?

SMARRIMENTO E RITROVAMENTO NEL TEMPIO

La maturità della fede esige il tempo;

là i genitori non compresero, né era possibile

comprend ere fino in fondo il mistero che ci trascende.

Là il Vangelo è intelligenza che scopre il senso dello Spirito.

Le strade della Sapienza si dipartono

per ricongiungersi nella traiettoria del tempo, verso il compimento della storia,

gravidi di una luce nuova che forse era già la nel Tempio,

dove la parola si fa luce di vita eterna, nel cerchio dell'Uno infinito.

2) MISTERI DELLA LUCE

BATTESIMO AL GIORDANO

Ecco il mio figlio diletto, dal cielo una voce
inaugura l'atteso compimento,
la legge riveste santità interiore,
è tempo per il Precursore di passare il testimone,

per una manifestazione di maggiore
potenza dello Spirito divino.
Ecco il Messia atteso. Non radunate le cose caduche della terra,
fate attento l'occhio dell'anima

e aprite la porta del cuore; fiumi
di grazia escono dalle sue labbra,

ascoltate e mettete in pratica la giustizia,
conditela con la misericordia
e salverete le vostre anime.

PRESENZA DI GESÙ ALLE NOZZE DI CANA

Venite genti al banchetto del Nuovo Patto,
il mio vino mistico è più sobrio della stessa
sobrietà: si chiama ebbrezza messianica,
via regale della croce. Non spaventatevi dinanzi
a me, io sono la vita, la verità senza infingimenti,
io insegno ciò che ho appreso dal Padre
sull'essenza della vita, sul nascere e il morire,
sui vostri corpi da divinizzare: chi segue me
avrà la luce della vita ed opererà miracoli
quali non vi sono mai stati. I Padri bevevano
all'acqua che rischiara, ora è tempo di più
mature conquiste, se uno non odia...
(questa stessa vita)
non può seguire me all'ebbrezza vera del dolore.

Io faccio del soffrire una benedizione, cercate me
e sarete liberi dal male.

ANNUNCIO DEL REGNO DI DIO

Vox clamantis in eremo,
apritemi le porte
della giustizia,
no non sono colpevole,
ascolto la voce del mujaidin; più avanti
cercate e troverete. Sfavilla la luce sulla Palestina
e le rocce ritagliate sul deserto
disegnano la strategia della Parola. Sono
pronte le acque ed i venti ad accogliere il Verbo;
vuoi tu forestiero nel mondo
diventare cittadino del Regno? I cuori
muti racchiudono la vita, poi il messaggio
passa nelle città e diletta i sensi,
ma in fondo
non capiscono: la loro radice è il mondo.
Pochi hanno saputo appartenere al cielo
ed altri ancora testimoniano la fede, ma
al fine ancora la voce nel deserto
si dilegua.

TRASFIGURAZIONE SUL MONTE TABOR

Bagliori di luce, la potenza
del Regno discende sul monte, "questo
è il mio Figlio, ascoltatelo".
Sto sul monte

dove mi udirono i Padri, ma allora il tempo non era maturo

per la nuova legge. Ora
imparate che la forza di Dio
non è disgiunta dalla debolezza di tenero
amore, cercatemi
sulle strade del mondo fra i perduti e rivivrete la gloria che
viene dal Padre. Io sono con voi per la consumazione dei secoli;

la mia veste così luminosa è segno che io lavo le colpe: non
turbarti, uomo, per la mia potenza,

io voglio solo il tuo povero cuore.

EUCARISTIA

"O sacrum convivium in quo Christus sumitur",
ripetono gli angeli festanti al mattino nella
processione
dimenticata
del piccolo gregge di Dio.
Non la mia, ma la Tua volontà si compia; ricevi
peccatore il dono della penitenza e porta il mio messaggio
al mondo. Da te sgorgheranno fiumi di acqua viva!
Il mio sangue ripaga le colpe, ricevi la dolcezza della mia
misericordia; ricorda di me, uomo viatore,
io sono la sola cosa degna del tuo cuore.

ULTIMA CENA

È giunta l'ora degli scellerati, "e tu Giuda
prigioniero delle tenebre"
consegni il figlio
dell'uomo; la legge chiusa
al respiro di Dio è solo la spada di un odio cieco,
e più ancora scaturigine di acerba incomprensione.

Oramai è giunto l'imperativo del silenzio, non
più parole a lenire il dolore, non più debolezza
a ostacolare la mia ora,
è tempo di glorificare il Padre
con il sangue sparso a questa tremenda ora
in cui mi accingo a testimoniare la Verità.

Luce di questa vita senza macchia indegna dell'uomo
non mi puoi salvare da questa morte che incombe
sul mio cammino, ora il mio corpo nella mia debolezza
si consuma per Voi, e poi riceverete il mio Spirito
che ora consegno al Padre.
Un angelo mi accompagna alla mia Passione,
solo il mio io

e la Volontà che incombe,

ora sono come ogni sventurato della
terra, la vita
esce dal mio corpo e dopo questo viatico di dolore
si ricongiungerà a te, o Padre.

3) MISTERI DEL DOLORE

AGONIA

Non so parlare della tua morte, o Gesù,
so solo che la morte viene per una violenza cieca
che scorre come un torrente in piena dai palazzi
del lusso sfrenato, dalla resa interiore al male

che ingoia ogni briciolo di umanità. La morte viene,
ed è l'empietà, la non pietà che si fa beffe del tuo dolore;
poi finisce con un discorso di questo tipo: "era inevitabile",
senza un rimorso. Ora che guardo il tuo corpo

che la croce

ha trasformato in pane, sento lo stridore fra la tua dolcezza
e la legge del mondo; donami la forza di sperare ancora.

LA FLAGELLAZIONE, DIALOGO DEI FOLLI CONTRO IL KALOS- AGATOS

"Reietto dagli uomini, uomo dei dolori che conosce
il patire";
la marmaglia
si fa esercito contro l'inerme,
lo mette al bando e poi lo spoglia di ogni dignità:

"abbiamo finalmente prevalso contro di te sognatore
che non vuoi accettare la realtà, ora con questa frusta
assaggi cosa è la vita" e molto più
la furibonda mania
contro il kalòs-agatòs. "Tu, seduttore, non hai accettato
l'animalità della vita, ora ti riduciamo a meno di un verme"...
ed ancora colpi, finché vien meno la vita.

LA CORONAZIONE DI SPINE

Ancora i folli contro il Re dei Re:

"Cosa è questo regno di cui parlavi
quando eri un uomo libero,
un regno basato sulla povertà
e il farsi eunuchi, sottostare alle offese
ed il dare senza pegno
ed obbligo di restituzione? Ora
prendi questa canna,
disgraziato, che ha valore quanto
il fumo delle tue parole. Ora prendi
questa corona di pungenti spine
perché un altro non abbia a ridire.."

VIAGGIO AL CALVARIO

Gesù sfinito cade a terra, la sua
missione unica è soffrire per l'altro,
il carico con il progredire della passione
aumenta ed è sempre più sofferenza indicibile,
quanta, se si può osar dire, quella necessaria
a lavare il peccato di ogni tempo. L'uomo folle

è ormai lanciato contro Dio, pastore sapiente
ma reietto; il mondo non può cambiare, Dio
deve soccombere e d'ora in poi dovrà
trasformare il mondo dall'interno, prendendolo

nel vortice della propria luce ed amore infinito.

CROCIFISSIONE

La sofferenza smorza i concetti e
rende vana la parola. Ora il Figlio
torna al Padre, avendo su di sé
tutta la sofferenza di una morte
atroce e lamenta il suo abbandono:
qui il vertice della follia umana,
approdata alla condanna, non stempera la
comunione perfetta del Cristo
con il destino dell'uomo.
L'ora delle tenebre
ha raggiunto il suo acme e le potenze
dei cieli sono sconvolte, pietrificati i discepoli,
nel pianto la Madre, la giustizia piomba
nell'abisso, ma risorge
la potenza di una vita indefettibile
e nel nome
di Lui le genti spereranno.

4) MISTERI DELLA GLORIA

RESURREZIONE

Maddalena non vede Gesù sulla tomba, appare

poi il Risorto ed allora comincia la speranza

che sola anima il mondo: il bene era credere

alla predicazione, il male rifiutarla. Più avanti

nella storia le parole perderanno la vitalità

ed il calore del fuoco e si arrenderanno alla

tangibilità delle cose, ma intanto la morte

sfida ancora la vita e la attende al suo

terribile passaggio.

Per sempre la resurrezione

richiama la croce.

ASCENSIONE

Tu sei ora una Presenza

e la tristezza ci ma cera nell'assenza del tuo volto,

ma ora sei il conforto di un essere celeste

liberato dalle catene della prova

e noi ci perdiamo in una sterile aggressione che paga e risucchia;

alla fine sentiamo nostalgia di parole

di saggezza; l'eterno è nel tempo, ma

non diluito nella storia; si succedono

i paradigmi che hanno radici lontane,

il cielo non scorda che fu perfezione,

e poi dissoluzione per il pane dei figli.

DISCESA DELLO SPIRITO SANTO

Forte discese il sermone sulle bianche
teste dilavate dall'interruptio della morte,
e bianchi camici accolsero l'azzurro
del cielo, che vuol discendere a fecondare
una speranza invincibile. La follia del mondo
si era appena defilata ed urlava la ragione
di un disegno salvifico. Genti di ogni razza
bevvero il fuoco salutare e si dissolsero
le strutture di peccato e la terra fecondata dal
sangue apprese pian piano una nuova atmosfera;
ma la bestia non cessò di far guerra ai servi
di Dio e l'una e gli altri si troveranno sfiniti
nella consumazione dei secoli.

ASSUNZIONE DI MARIA CORPO E ANIMA

Questo corpo che ha sconfitto la morte
ha imparato a morire nel Figlio durante
la sua vita terrena, così Ella è maestra
della nostra morte.
E nel pellegrinaggio
della vita terrena speriamo di vedere,
un giorno, il Suo volto e mentre sale

a Lei l'anelito di tutta l'umanità,
si purifica la nostra speranza e ci ricordiamo
Maria dignità della terra.

INCORONAZIONE

Ave Regina dei cuori, Madre di Dio,

nell'ora dell'angoscia abbiamo agognato
il tuo sospiro, ora cerchiamo in Te la ragione
profonda del nostro esistere. La tua regalità
attraversa il nostro tempo, quando rifiutiamo
il parossismo delle contingenze e delle facili

mode. Sii benigna con il nostro re e con tutti noi,
che pur lontani dalla perfezione siamo assetati
della giustizia portata nel mondo da Cristo

ed ora vilmente vilipesa.

INDICE

POESIE ISPIRATE AI MISTERI DEL ROSARIO

Printed by Books on Demand GmbH, Norderstedt / Germany